S0-CIF-600

ENLACE EN EL RODEO

RODEO

Tex McLeese
Versión en español de Argentina Palacios

The Rourke Press, Inc.
Vero Beach, Florida 32964

FOTOS:
© Dennis K. Clark: portada, páginas 7, 10, 12, 13, 15, 17; © Texas Department
of Tourism: carátula, páginas 8, 18 ; © Texas Highways Magazine: página 4; ©
Pro Rodeo Cowboy Association: página 21

SERVICIOS EDITORIALES:
Pamela Schroeder

Library of Congress Cataloging-in-Publication Data

McLeese, Tex, 1950-
    [Rodeo roping. Spanish]
    Enlace en el rodeo / Tex McLeese ; versión en español de Argentina Palacios.
        p. cm. — (Rodeo)
    Includes index.
    ISBN 1-57103-384-X
    1. Calf roping—Juvenile literature. 2. Steer roping—Juvenile literature. 3. Team
roping—Juvenile literature. [1. Calf Roping. 2. Steer roping. 3. Team roping. 4. Rodeos. 5.
Spanish language materials.] I. Title.

GV1834.45.C34 M3418 2001
791.8'4—dc21

                                                                00-041538

Impreso en los Estados Unidos

ÍNDICE

Enlace en el rodeo 5

Eventos de enlace 6

Enlace de becerros o terneros 9

Cómo atrapar el becerro o ternero 14

Cómo amarrar el becerro o ternero 16

La decisión 19

Enlace en equipo 20

Enlace de novillos 22

Glosario 23

Índice alfabético 24

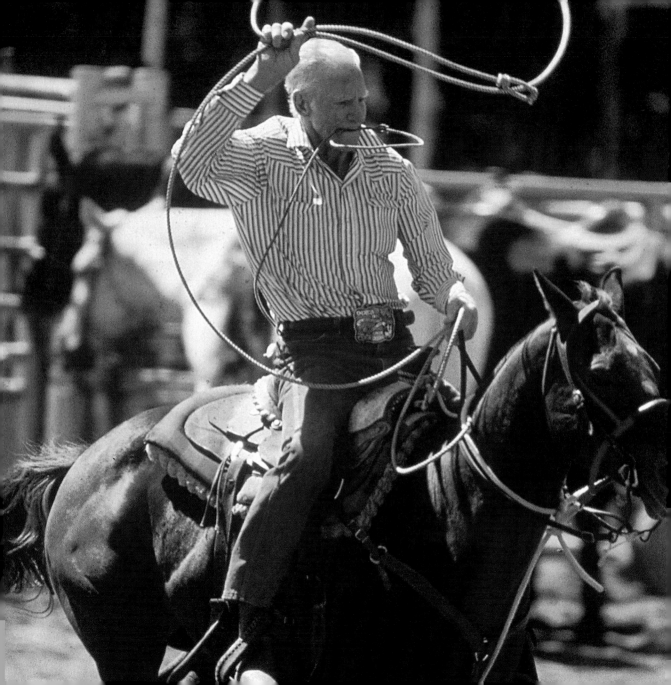

ENLACE EN EL RODEO

En el **rodeo,** los vaqueros hacen uso de numerosas habilidades del Viejo Oeste de los años del 1800. Una de estas destrezas es la del **enlace.** En los ranchos, los vaqueros enlabazan becerro/terneros o **novillos** para alejarlos de la tropilla. Muchas veces se trataba de animales que requerían cuidado. Durante los primeros días del rodeo, los vaqueros de distintos ranchos se fijaban en quién podía enlazar y atar un animal más rápidamente. Los eventos de enlace todavía son muy populares en todos los rodeos.

El jinete de rodeo Bill Dunlap.

EVENTOS DE ENLACE

Los tres eventos principales de enlace son el enlace de **becerro/ternero,** el enlace de novillo y el enlace en equipo. En cada uno de estos eventos, los vaqueros a caballo intentan enlazar y atar un animal lo más rápidamente posible. Los terneros son más fáciles de enlazar. Los novillos tienen cuernos y pueden pesar 500 libras o más. Los becerros pesan como la mitad de eso.

El enlazador está listo.

ENLACE DE TERNERO/BECERRO

Para el enlace de becerro o ternero, el vaquero monta su caballo y persigue un animal que corre, al cual tiene que enlazar y atar lo más rápidamente posible. El becerro o ternero corre lo más que puede a fin de escapar. Para ganar un evento de enlace de becerro o ternero es indispensable que el caballo sea veloz y trabaje bien con el vaquero.

El vaquero persigue a un ternero o becerro que corre.

En el enlace de becerro o ternero, el vaquero y su caballo empiezan retrocediendo hasta la casilla de enlace. Cuando están listos, el vaquero lo indica con la cabeza. Al ternero se le da una ventaja inicial, una **"delantera".** La delantera puede ser cualquiera entre 5 y 30 pies de largo. Los rodeos grandes tienen delanteras más largas.

El enlazador de becerro o ternero atrapa su presa.

El enlazador hace "presa de cabeza".

Hay que atar el becerro o ternero rápidamente.

CÓMO ATRAPAR EL BECERRO O TERNERO

Cuando el becerro o ternero llega al final de su "delantera", el vaquero y el caballo empiezan a perseguirlo. Cuando están cerca del mismo, el vaquero tiende una lazada con la soga varias veces por encima de su propia cabeza. Esta lazada se llama **lazo.** El otro canto de la soga está atado a la silla del vaquero. El vaquero puede echar el lazo sobre cualquier parte del becerro o ternero. La mayor parte de las veces, el vaquero lo enlaza por la cabeza. A esto se le llama **"presa de cabeza".**

El vaquero sostiene un cablecito (pigging string en inglés) entre los dientes.

CÓMO ATAR EL BECERRO O TERNERO

Después que el vaquero enlaza el becerro o ternero, salta del caballo y corre hasta donde está el animal, al cual agarra por un flanco o lado de las patas y lo tumba. A esto se le llama **"flanquear"** el ternero. El vaquero tiene entre los dientes un **"cablecito"** con el cual ata juntas tres de las patas del becerro para que no pueda levantarse y huir.

El vaquero ha terminado cuando alza las manos.

LA DECISIÓN

Cuando el vaquero termina de atar el becerro o ternero, alza las manos para dar una señal al juez de que ha terminado. La mayoría de las veces, el vaquero tarda menos de 10 segundos para enlazar y atar un becerro o ternero. El ganador es el vaquero que lo ata más rápidamente. Si el animal se desata en 6 segundos o menos, el turno del vaquero no cuenta.

El enlazador atrapa su novillo.

ENLACE EN EQUIPO

En el enlace en equipo, dos vaqueros intentan enlazar y atar un novillo. Gana el equipo más veloz. Cada equipo tiene un **"encabezador"** y un **"taconero".** El encabezador es el que sale primero de la casilla de enlazadores. Tiene que enlazar los cuernos del novillo. Luego el taconero intenta enlazar ambas patas traseras del novillo. El juez añade 5 segundos al tiempo del equipo si el taconero enlaza sólo una pata. El reloj se para cuando el encabezador y el taconero aprietan las sogas fuertemente y se ponen cara a cara. A menudo, el tiempo ganador es de menos de 5 segundos.

El encabezador enlaza los cuernos.
El taconero enlaza las patas.

ENLACE DE NOVILLOS

La mayoría de las veces, un rodeo incluye enlace de novillos o enlace en equipo, pero no ambos. En el enlace de novillos, sólo se permite que el vaquero enlace el animal alrededor de los cuernos. Eso es para diferenciar el enlace de novillos del enlace de becerros o terneros. El enlace de novillos es uno de los eventos más antiguos del rodeo. Ahora sólo se incluye en los rodeos más grandes. El enlace de becerros o terneros y el enlace en equipo son mucho más comunes.

GLOSARIO

becerro/ternero — vaca o toro joven

cablecito — cuerda que el vaquero lleva entre los dientes para atar juntas las patas del ternero

delantera — ventaja inicial que se da al ternero antes de que el vaquero lo persiga

encabezador — enlazador en un equipo que enlaza los cuernos del novillo

enlace, enlazar — atrapar un animal con una soga

lazo — soga larga con una lazada o vuelta en un extremo

flanquear — agarrar un ternero o becerro por un flanco o lado de las patas y tumbarlo

novillo — buey joven

presa de cabeza — enlazar un ternero o becerro por la cabeza

rodeo — un deporte de eventos de enlazar y montar, las mismas habilidades que tenían que tener los vaqueros en el Viejo Oeste

taconero — enlazador en un equipo que enlaza las patas traseras del novillo

ÍNDICE ALFABÉTICO

atar   16, 19
encabezador   19, 20
enlace de novillos   6, 22
enlace de becerros o terneros   6, 9, 11, 22
enlace en equipo   6, 20, 22
eventos de enlace   6
flanquear   16
juez   19, 20
lazo   14, 20
delantera   11, 14
presa de cabeza   14
taconero   20